무량공덕 사경 **15**

受菩薩戒法序

도서출판 창
窓 窓 창
Chang Books

사경은 무량공덕의 기도

무비 스님

보살계를 설명하는 것은 한국불교에서 흔한 일이지만 본래 보살계가 지니고 있는 깊은 뜻을 해설하는 사람은 그리 많지 않습니다. 한 마디로 보살계는 성불의 지름길이며 부처로서의 삶의 본보기로 보는 것은 보살계의 중심사상이 심지(心地)법문과 보살의 서원(誓願)의 실천을 근간으로 하고 있기 때문입니다. 불교 역사에서 보살계를 가장 깊이 있게 설명한 영명연수 선사는 '수보살계법서(受菩薩戒法序)'라는 글에서 보살계를 설하고 받는 불사와 보살계를 통한 수행정진에 대한 근본취지와 종합적이고 총체적인 가르침을 일깨워주고 있습니다.

"보살계는 모든 깨달은 이들의 근본 땅이 되며, 온갖 훌륭한 일의 기본이 된다. 그리고 삶과 죽음의 길을 넘어 불생불멸의 문을 활짝 열어주는 일이며, 깨달음의 길로 들어서는 일이 된다." 나아가서 생사를 초월한 감로의 문을 열고 해달의 경지에서 도달하는 일도 이 보살계라 하였으며 불교에서 최대의 목표로 삼는 성불의 길에 들어서는 일도 바로 이 보살계라고 하였습니다.

우리가 한 생을 살아가면서 이와 같은 귀중한 가르침을 만난다는 것은 이 세상에 그 무엇과도 비교할 수 없는 행복한 일입니다.

경전을 통한 수행에는 네 가지를 듭니다. 서사(書寫) · 수지(受持) · 독송(讀誦) · 해설(解說)이 그것입니다. 서사란 사경(寫經)으로서 경전을 쓰는 일입니다. 경전을 쓰는 일은 온 몸과 마음을 다해야 하기 때문에 최상제일이며 무량공덕의 기도가 됩니다. 사람이 살아가는 일에 있어서 이보다 더 소중하고 값진 일은 없을 것입니다.

사경공덕수승행 무변승복개회향
寫經功德殊勝行 無邊勝福皆廻向
보원침익제유정 속왕무량광불찰
普願沈溺諸有情 速往無量光佛刹

경을 쓰는 이 공덕 수승하여라
가없는 그 복덕 모두 회향하여
이 세상의 모든 사람 모든 생명들
무량광불 나라에서 행복하여지이다.

불기 2545년 동안거 세등 혜비

四

발 원 문

사경제자 :   합장

사경시작 일시 :   년 월 일

사경의식

삼귀의례

거룩한 부처님께 귀의합니다.

거룩한 가르침에 귀의합니다.

거룩한 스님들께 귀의합니다.

개경게

가장 높고 미묘하신 부처님 법

백천만 겁 지나도록 인연 맺기 어려워라

내가 이제 불법진리 보고 듣고 옮겨 쓰니

부처님의 진실한 뜻 깨우치기 원합니다.

사경발원

자신이 세운 원을 정성스런 마음으로 발원한다.

입정

정좌해서 마음을 고요히 하여 사경할 자세를 갖춘다.

사경시작

사경끝남

사경봉독

　손수 쓴 경전을 소리내어 한 번 독송한다.

사경회향문

　경을 쓰는 이 공덕 수승하여라

　가없는 그 복덕 모두 회향하여

　이 세상의 모든 사람 모든 생명들

　무량광불 나라에서 행복하여지이다.

불전삼배

사홍서원

　중생을 다 건지오리다.

　번뇌를 다 끊으오리다.

　법문을 다 배우오리다.

　불도를 다 이루오리다.

一、보살계의 바른 뜻

詳夫菩薩戒者는 建千聖之地며 生萬善之基라 開甘露門하야 入菩提路니라

梵網經云 衆生受佛戒하면 即入諸佛位하나니라

欲知佛戒者인댄 但是衆生心이요 更無別法이라이니

九

二, 삼보와 조사서래의

以覺自心故로 名為佛이요

以可軌持故로 名為法이요

以心性和合不二故로 名為僧이요

以心性圓淨故로 名為戒요

以心性和合故로 名為戒요

以寂而照故로 名為般若요

以心本寂滅故로 名爲涅槃이니

此是如來最上之乘이며 祖師西來之意라

聞者多生遮障하고 見者咸起狐疑는 以垢

深福薄故라 是盲者不見이요 非日月咎니라

三、참다운 불모

若有志心하면 受者聞者가

一二

法利無邊하야 七辯贊之莫窮이며

千聖仰之無際니 可謂真佛之母라

生諸導師며 妙藥之王이라

能治眾病이라 入道之要가 靡越於斯矣니라

四、여래의 행업

盧舍那佛이 說十地法門하사

運菩薩之律儀 立如來之行業
恒沙戒品 圓三聚而統收
萬行因門 唯一念而具足
五位大士 莫不賴此因圓
十剎寶王 無不由茲果滿
今者欲弘大事 難稱時機

운보살지율의 입여래지행업하니
항사계품이 원삼취이통수로다
만행인문이 유일념이구족이라
오위대사가 막불뢰차인원하며
십찰보왕이 무불유자과만다이로
금자욕홍대사나 난칭시기라

一三

若曾宿種一乘하니 方乃能生信解와어니

情執之者는 何以決疑리오

須陳問答之由하야 以祛邪外之障이라하리

五、문수 보현 그리고 부처님

問夫菩薩戒者는 乃文殊普賢之儔어늘

具縛凡夫 如何得受리오

答若執凡夫하야 非普賢者는 即是滅一乘種이라 古聖不合云普照塵勞業惑門이 盡是普賢真法界하니 若執眾生하야 非佛者면 即是謗十方佛이라이니 大教不合云佛心與眾生이 是三無差別이라이리

六、직지인심

以梵網經云一切有心者는 皆應攝佛戒시라니하

且棄人者가 誰不有心오이리

凡成佛者는 皆從心現이니 所以釋迦出世하사

開眾生心中佛之知見고하시

達磨西來하사 直指人心見性成佛니하라시

故祖師云 即心是佛이며 即佛是心이니 離心

非佛이요 離佛非心하이니라

所以一切色心과 是情是心이 皆入佛性

戒中이라 即衆生佛性之心이 具佛心戒矣어늘

況菩薩戒는 唯以開濟爲懷라

不同小乘의 局執事相이니 是以菩薩이

一七

饒益有情之戒는 但濟物利人이라

七、말리부인과 선예대왕

如末利夫人은 惟酒爲戒하고

仙豫大王은 惟利惟慈니라

但行利物之心하면 即時秉持之志라

曷乃於法界에 而分疆域하며 向大道而定

方隅로 徒自勞形하야 反招餘咎로다

八、보살계를 다시 받는 이유

問衆生心이 既具佛戒인댄 何用更受오

答諸佛教法은 皆是爲未了者니라

以暫亡故로 似有迷昧니라

今即約事重明일새 故稱受戒니라

自性妙律은 圓理昭然하야 靡隔凡聖이라

未嘗迷悟니라

法句經云 戒性如虛空마언 持者爲迷倒하라고

大般若經云 持戒苾蒭는 不昇天堂하고

破戒比丘는 不入地獄하이니라

何以故오 法界中에 無持犯故며 一切法空故니라

今爲未見性人하야 方便發揚하야 令信心戒하게고

約事開導하야 體用雙明하니

祇如十重四十八輕垢가 輕重雖殊나 總約

事說이라니 別而不別이라 理事一際며 不別而別이라

持犯條然하니 不離事求理하야 起斷滅之心하며

二一

不離理行事하야 執常情之見이니

十、불승종자

問具縛凡夫가 根微垢重하니

若令受戒면 毁犯益多요

若不觀根이면 返遭淪墜리라

答只為垢重障深하야 令受佛戒하니

現行煩惱雖厚나 佛乘種子無虧니라
貴聞自本有之佛性善根과 諸佛不可思議의
戒之威力하고 能令佛心明朗하고 煩惱輕微하니
設少持時라도 功德無量이라니
繞發一念에 已過聲聞이니 諸佛校量하사
羣經具載니라

二三

不可以情思臆斷으로 背佛違經하야

謗大之愆이 罪淪長劫이라이니

十一, 보살계를 받아야 사람이다

菩薩瓔珞經云 佛言

佛子야 若過去未來現在一切衆生이

不受菩薩戒者는 不名有情識者라

二四

畜生無異하야 不名爲人이라니 常離三寶海하야

名爲畜生이며 名爲邪見이며 名爲外道라

非菩薩이며 非男非女며 非鬼非人이라

不近人情하이니라

故知菩薩戒는 有受法而無捨法이라

有犯不失하야 盡未來際니라

若有人이 欲來受者어든 菩薩法師는

先為解說讀誦하고 使其心開意解하야

生樂著心然後爲受니라

十二, 보살계와 팔만사천 보탑

又復法師가 能於一切國土中에

教化一人出家하야 受菩薩戒者면

二六

是法師는 其福勝造八萬四千寶塔든이어
況復二人三人乃至百千人오이리
福果不可稱量라이니
其法師者는 夫婦六親이 得互爲師하야 受其
戒者하야 入諸佛界菩薩數中하야 超過三劫生
死之苦니라 是故應受有而犯者를 名爲菩薩이라

二七

勝無受而不犯
勝<ruby>승</ruby>無<ruby>무</ruby>受<ruby>수</ruby>而<ruby>이</ruby>不<ruby>불</ruby>犯<ruby>범</ruby> 라이니

有犯名菩薩<ruby>유</ruby><ruby>범</ruby><ruby>명</ruby><ruby>보</ruby><ruby>살</ruby> 이요 無犯名外道<ruby>무</ruby><ruby>범</ruby><ruby>명</ruby><ruby>외</ruby><ruby>도</ruby> 니라

十三、팔관 십선계는 윤회의 길

問何不以八關十善<ruby>문</ruby><ruby>하</ruby><ruby>불</ruby><ruby>이</ruby><ruby>팔</ruby><ruby>관</ruby><ruby>십</ruby><ruby>선</ruby> 으로 漸漸度之<ruby>점</ruby><ruby>점</ruby><ruby>도</ruby><ruby>지</ruby> 하야

能稱小機<ruby>능</ruby><ruby>칭</ruby><ruby>소</ruby><ruby>기</ruby> 하야 免成毀犯<ruby>면</ruby><ruby>성</ruby><ruby>훼</ruby><ruby>범</ruby> 가

答經云若以十善化人<ruby>답</ruby><ruby>경</ruby><ruby>운</ruby><ruby>약</ruby><ruby>이</ruby><ruby>십</ruby><ruby>선</ruby><ruby>화</ruby><ruby>인</ruby> 하면 如將毒藥與人<ruby>여</ruby><ruby>장</ruby><ruby>독</ruby><ruby>약</ruby><ruby>여</ruby><ruby>인</ruby> 하야

雖一期得人天之飽이나 不免生死毒發이라

終不出輪迴하야 翻增業垢이요

若以小乘開化하면 即是大乘의 冤讐이요

解脫의 深坑이라 可畏之處니라하

經云 寧起狐狼野干心정이언 不起聲聞辟

支佛意하라니 所以云 但說大乘야이라 無答니라하

二九

十四、비방하여 지옥에 가게 하다

問설법수계는 說法受戒는 本위초출고원이어 本為超出苦源이어늘

何내각령비방훼범하야 何乃却令誹謗毁犯하야 翻번타지옥하케야 翻墮地獄하케야

有손무익이어 有損無益이어 何성화문오이리 何成化門오이리

答자유문이돈오하며 答自有聞而頓悟하며 或혹유문이점지하며 或有聞而漸持하며

或혹유문이기방하니 或有聞而起謗하니 隨수기불동이나 隨機不同이나 皆개능획익이라 皆能獲益이라

三〇

佛法은 眞實하야 終不唐損이여 如置毒乳中하야

味味殺人하며 又如以毒塗鼓하야 遠近皆喪이라이니

此大乘戒法은 聞而起謗도이라 尚獲大益하야

超過供養恒沙佛人이든이어 何況諦信하야 一心

求受所以文殊菩薩經中校量云譬如

有人聞說般若하고 起謗不信하야 墮地獄도이라

三一

校其功力컨댄 天地懸殊니라 若 便得心開하야 刹那成佛이니하리 受謗法畢에 以聞般若爲種하야 繞聞說般 之福이니와 若聞般若하고 毁謗墮地獄이라 何以故오 供養恒沙佛은 只得人天生滅 勝供養恒沙佛者니라하

三二

十五、탐·진·치가 곧 불법

又諸法無行經云有一淨威儀法師가
우제법무행경운유일정위의법사가

怜愍眾生故로 從所住處하야
영민중생고로 종소주처하야

常入聚落하야 食訖而還하야 教化百千萬家하야
상입취락하야 식흘이환하야 교화백천만가하야

皆作佛子하야 令發阿耨多羅三藐三菩提
개작불자하야 영발아뇩다라삼먁삼보리

心하니 又有一威儀比丘가 常住寺中하야
심하니 우유일위의비구가 상주사중하야

乃至不能善於菩提所行之道
내지불능선어보리소행지도라

淨威儀法師 諸弟子衆 常入聚落
정위의법사의 제제자중이 상입취락이어

生不淨心 即鳴犍槌 集衆立制
생부정심하야 즉명건퇴하야 집중립제하되

汝等 自今已去 不應入於聚落
여등은 자금이거로 불응입어취락이니라

於後淨威儀法師 遇有威儀比丘
어후정위의법사가 우유위의비구하야

知不信受大乘戒法
지불신수대승계법하고

強說一偈하야 以作大乘種하사

必知不信誹謗하야 入地獄하고

地獄罪畢에 因聞此法하야 爲悟道之因이라하리라

頌曰 貪欲即是道요 嗔恚亦復然이라

如是三法中에 具一切佛法하이니라

有威儀比丘가 聞已誹謗하야 起是業已에

三五

後時命終에 是業果報故로 墮阿鼻大地獄하야

九十百千億劫을 受諸苦惱라가 從地獄出하야

六十三萬世를 常被誹謗하고

其罪漸薄하야 後作比丘하야 三十二萬世를

出家之後에 是業因緣으로 返道入俗하고

乃至無量千萬世를 諸根暗鈍이라하니

師子游步야 於汝意云何오

爾時有威儀比丘가 豈異人乎아

勿造斯觀하라 則我身是니라

我時起是微細不淨惡心하야 受此罪業하야

墮於地獄이니 若人不欲起微細罪業者인댄

於彼菩薩에 不應起於惡心이며 菩薩所行道를

皆當信解하야 不應起嗔恨之心이니 乃至如來가 見是利故로 常說是法하시니 故知因聞此大乘法하야 而得成佛이니 聞而起謗이라도 尚得成佛든어 何況志誠으로 求聞求受리오

三八

且如菩薩戒中에 十重婬殺等戒는

只如現在不受戒凡夫가 從無始來로

具造殺盜婬欲等事와 慳貪嗔恚等法하되

過去已造하며 現在今造하며 未來當造하야 念念

無間하고 心心靡移하야 恒沒生死하고 恒沈苦獄이라하니

故로 經에 云호대 閻浮衆生이 擧足動步가 無非是罪하라니라

若行殺害하면 墮畜生中하야 互為高下하고

若起嗔恚하면 墮地獄中하야 常時燒煑하고

若生慳貪하면 墮餓鬼中하야 飢火常然하니

故로 法華經에 云호대 於地獄中에 作園觀想하며

駝驢猪狗가 是其行處하라니라

所以로 蓮華色比丘尼가 昔爲戲人하야
披法服時에 以宿命智로
觀過去無始前에 恒處地獄하야
無有出期하고 遂乃廣勸王舍城中釋種等女하니
但出家하면 破戒入地獄이라 終有解脫之時하라하니
是以로 但受破戒라도 速超得道之場이요

不受不破하면 永處泥犁之患이니

以業道罪相酬하야 無有休息이라니

十七、보리심과 사홍서원

故로 決定毗尼經云 佛言優婆離야하고로

修大乘하야 行菩薩戒는 寬容無犯하고 何故오

聲聞禁戒는 窄狹嚴切가 優婆離 當知하라

若初修大乘하야

行菩薩戒하면 晨朝有犯하야

應當結罪라도

戒聚成就하야 至午하야 若菩提心이 無間斷이며 則非所犯이며 乃至中夜有犯도이라

至於後夜하야 菩提心이 無間斷이면

戒聚成就하야 則非所犯이라니

優婆離야 當知하라 初修大乘하야

行菩提心戒行이 寬緩일새 若有菩薩이

結罪有犯도이라 不應悔懼라 復次若聲聞犯戒는

戒相則滅하야 無復更全이니

何故로 爲聲聞持戒는 除煩惱故로 如救頭然

燒衣하야 心速爲求寂滅涅槃하야 堅持戒行이니

以知菩薩은 爲發菩提無上心故로 受戒하야

雖暫有犯 乃從事而論 一期所制

若菩提心 四弘願不斷 即不名犯

若永捨菩提心 違四弘誓 即名犯戒

以聲聞人 不發菩提心

受戒 但求出離 事戒纏犯 持心即斷

以從生滅邊論故 若菩提心菩薩戒

수잠유범도이라 내종사이론하야 일기소제라

약보리심과 사홍원불단하면 즉불명범이요

약영사보리심하고 위사홍서하면 즉명범계와어니

이성문인은 불발보리심일새

수계하야 단구출리니 사계재범하면 지심즉단이라

이종생멸변론고니라 약보리심보살계는

約盡未來際토록 無有間斷故니라

十八、계를 범해야 보살이다

又經云 犯戒名菩薩이요 不犯名外道하라하니

以未聞大乘佛性戒故로 無可得犯이라

縱修萬善이나 皆是無益이요 苦行所收니

種苦求甘이 終無得理니 蒸砂作飯이

四六

豈有成時리오 所以로 梁帝發願云

不願作鬱頭藍子하야 暫得生天이요

寧可作提婆達多하야 永處地獄하니라

十九、보살계는 성인의 종자

且如不受戒衆生이 法爾累聚하야 煩惱所縈으로

皆墮地獄이니 設得暫出도라 還墮輪廻하야

似蟻循環하며 如火旋轉이니 若得戒力하야
사의·순환 여화선전 약득계력

心遇緣因하면 一念迴心하야 自然開悟라하리
심우연인 일념회심 자연개오

經云 如王生子에 爲民所敬하야
경운 여왕생자 위민소경

得戒護人은 生聖種中하야 後必得聖이
득계호인 생성종중 후필득성

如紹王位하니 設有毀犯도이라
여소왕위 설유훼범

如菩薩戒八勝中에 第五受罪輕微勝하야
여보살계팔승중 제오수죄경미승

四八

墮六趣中 常得爲王이니 此是劣中之勝라이니

二十、앉아서 받고 서서 파하더라도

又如出家比丘가 誰是微細精持戒人가

二地分持 惟佛能淨 所以로

經云 惟佛一人이 持戒淸淨이요

其餘盡名破戒者라 南山云 受者法界爲量이요

持者麟角猶多 지자린각유다 하라며 又云 우운 坐受立破 좌수립파 라도

得無量福 득무량복 이니 乃至但作奉戒之心 내지단작봉계지심 정이언

莫作得戒之限 막작득계지한 하이니라라

二十一、가없는 보살계

善生云天地無邊 선생운천지무변 이며 戒亦無邊 계역무변 이라 草木無量 초목무량 이며

戒亦無量 계역무량 이라 虛空大海高深 허공대해고심 이라 戒亦高深 계역고심 도

亦復如是하라니 故知 受時十方戒法無邊이며

破者毫釐少分이라 終不盡破니라

所以로 薩婆多云 寧可一時에 發一切戒언정

不可一時에 犯一切戒하라며

寧可有戒可犯이언정 不可無戒可破하니

如無戒可破之人은 莫道具造惡業하라

只如深山遠谷에 木食草衣로
百千萬劫을 修遠離行이라 若不受戒法하면
大智度論中에 文殊菩薩이 呵云與禽獸無異하나니라

二十二、소승비구가 버섯이 되다

又寶林傳中에 有小乘持戒比丘가
眼不觀色하며 耳不聽聲하되 以不達佛理故로

五二

受施主供養하야 尚作大蕈還債어든

豈況無戒信受하야 理行都無者歟아

如上所引이 事理照然하야 金口不易之眞詮이며

古聖現行之牓樣이니 何得憑虛作實하며

背正投邪하야 障他無上之善根하야

起自菩提之大難이리오 若不投誠懺悔하면

舌爛口中하야 善惡因緣難逃라고 苦樂立即交報라하리

二十三、보살계의 5공덕과 8수승

問 何故로 犯菩薩戒는 不名犯而 戒性無盡이리

答 夫菩薩戒는 若約理推하면 即惟心이라

心性無盡이니 所以로

瓔珞經云 一切凡聖戒가 盡以心爲體니라

若約事明인댄 初發菩薩이 心四弘誓願하면

並徹未來際하야 攝化有情하야

不同人天二乘等戒하라하니라

阿差末經云 若一切聲聞戒는

入涅槃故로 戒力消盡하며 若辟支佛戒는

無大悲故로 戒力消盡니이와어 舍利弗當知하라

菩薩摩訶薩戒는 行無盡이니 何以故오

一切淨戒가 皆因菩薩戒攝하야 現前故니

譬如種子漸多에 利益無盡라이니 舍利弗當

知하라 菩薩心者는 猶如種子하니 諸佛如來는

戒行無盡일새 是大丈夫며 名無盡戒行라이니

舍利弗아 是修行菩提持戒故로 戒行無盡하이니라

又受菩薩戒가 具五功德八殊勝하니

向下廣明하야 挍量無盡이라하리

二十四, 보살계의 두가지 파계

問如上所說인댄 云何是菩薩破戒오

答曰 曇無讖菩薩戒本云 略有二事失

菩薩戒하니 一捨菩薩願이요 二增上惡心이니

除是二事코는 若捨此身이라도 戒終不失이라

從是以後로 所生之處에 當有此戒니

增上惡心者는 所謂妄說人法二空하야

未得爲得하야 生大邪見하야

起不信心故로 犯輕重之垢도하야 不生怖畏니

若有因緣약유인연하야 或犯輕重等戒혹범경중등계하야 雖暫時破수잠시파라도 深信因果심신인과하야 常生懺悔상생참회하면 即不名犯즉불명범이니라 又曇無讖戒本云우담무참계본운 若菩薩약보살이 嗔他진타하야 受著수저 嗔事진사하야 不休息者불휴식자는 犯重垢罪범중구죄나 不犯者불범자는 常欲捨嗔상욕사진이니 嗔心猶起진심유기라도 是名不犯시명불범하이라라

二十五, 방편은 왜 쓰지 않는가

問於諸佛誘進門中에 方便極多나 省要提攜하나

何不勸生安養하고 豈須破戒하야 翻障淨方요이리

答若生安養인댄 敎受九品之文이라

上根受戒習禪하고 中下行道念佛이니

衆生根器不等이라 不可守一疑諸니라

大乘起信論에 明諸佛本意하야 爲攝大乘하니

初入信之人이 恐生惡世하야 難得成就하일야가

令迴向往生하야 免得退轉이라

若見佛法身하면 易成就法忍하이니라 此是明文證이라니

上品往生은 如文殊菩薩云 如壯士屈伸

臂頃에 上品見佛하야 便證菩薩初地요

如下第九品은 聞大乘하되 不信佛戒하고

或只念佛하야 乃至臨終迴向에 亦得往生이니

十二劫에 始花開하야 未得見佛하고 漸證小乘이니

格其圓功컨댄 遲速大隔이라

二十六、 서민의 힘과 국왕의 힘

若受菩薩戒하야 發無上菩提心者는

已信大乘이며 已受大法이라

中間設破라도 亦兼念佛懺悔助生이며

又得戒威德力과 發大乘心力이요

不受戒者는 亦造惡業이라 只有念佛之力이요

全無戒力과 及聞大乘法等力이니

約世間論컨댄 少力이며 且不如多力이며

庶人力이 不如國王力이요 其但念佛名하야

六三

下品生者는 臨終에 難値遇善友니

皆遇緣差하야 又志力不堅일새

數數間斷하야 惡業深厚하야 善弱難排니

須是衆緣야이라 方能克證라이니

故로 經云 非少福衆生으로 而得生彼하라니

何如大小俱運하며 權實兼行하야 廣備資糧하야

萬善熏發하야 一心決定하야 可移蓮臺리오

此論受戒而破者는 或有頓持하며 或有漸持하니

若但令一門念佛往生인댄 則九品虛設이요

上品大乘은 孤然可棄니

從上諸佛이 不合制戒와 及禪定多聞이요

但說一門하야 以度群品이라하니

二十七、불교는 일정한 법이 없다

天台教云以八教網 撈人天魚하라니

天台教云以八教網撈人天魚
천태교운이팔교망으로 노인천어하라니

有頓有漸 不定秘密 藏通別圓으로
유돈유점하며 부정비밀과 장통별원으로

如是接機 尚不得一이니
여시접기하되 상부득일이니

且一網孔 如何張鳥하며
차일망공이여 여하장조하며

一士夫 如何治國요이리
일사부가여 여하치국요이리

諸佛無有定法故로 號阿耨菩提라

機病不同하고 法藥有異하야

醫不專散이요 天不長晴이라

或有聞法悟者하며 或有坐禪悟者하며

或有念經得度하며 或有受戒證眞하니

諸佛大意 以可度爲懷라

設不可度者는 說眞實法하야 亦不得入이요

若可度者는 說虛妄法도 亦得超彼니라

故로 佛言하되

若以虛妄得度者인댄 我亦妄語하니라

菩薩이 修六度萬行이 如乘死屍過海하며

亦如因禁이 廁孔得脱이라

六八

終_종不_부定_정一_일法_법이시며 定_정一_일法_법이비요

乃_내至_지斥_척妄_망謀_모眞_진가 捨_사此_차取_취彼_피가 並_병是_시執_집縛_박自_자繩_승이라 疑_의網_망所_소籠_롱이며 情_정見_견不_불忘_망하야 致_치茲_자大_대失_실이라

二十八、 눈병을 치료하면 허공꽃은 없어진다

三_삼乘_승十_십二_이分_분教_교가 惟_유醫_의我_아執_집愚_우心_심이라

執_집盡_진情_정亡_망하면 智_지生_생道_도現_현이니

故_고로 經_경云_운 眼_안病_병見_견空_공花_화라

除_제翳_예不_불除_제花_화며 妄_망心_심執_집有_유法_법이라

遣_견執_집不_불遣_견法_법하이니라 若_약悟_오大_대道_도圓_원通_통之_지人_인은

尚_상不_불見_견一_일法_법시니 何_하有_유一_일法_법非_비리오

盡_진十_시方_방世_세界_계에 未_미有_유一_일人_인成_성佛_불이며

亦_역不_불見_견一_일人_인作_작衆_중生_생이니 地_지獄_옥在_재何_하方_방이며

天堂居何處리오 不省愚蒙瞖目하야

爭攀空裏之花하니 豈察妄想疑根요이리

徒怖暗中之鬼니하나 實可憐愍이며 徒自驚嗟로다

二十九、반딧불과 태양빛의 차이

吾今依佛語故며 遵至教故로 曲順機宜하야

隨緣舒卷하야 有求大道者면 說一乘之妙旨하고

來求小行者(내구소행자)면 布六行之權門(포육행지권문)하야 大小兼弘(대소겸홍)하며 禪律俱運(선율구운)이나 云云自彼(운운자피)라 於我奚爲(어아해위)리요 何得專愚(하득전우)하야 生於妄見(생어망견)하야 執權謗實(집권방실)하며 毁大怖空(훼대포공)가 螢燄(형염)이 何齊日馭之光(하제일어지광)이며 蚊嘴(문취)가 豈盡滄溟之底(기진창명지저)리요 逆風執炬(역풍집거)에 自取焚燒(자취분소)하며 漏管窺天(누관규천)에 徒抱慙耻(도포참치)니라

今遵佛旨하야 古聖圓文을 찬집시행하야 凡有見聞는하니
금준불지하야 고성원문을 찬집시행하야 범유견문는하니

度有緣者니하노 溥願法界含識이 凡有見聞는하니
도유연자니하노 부원법계함식이 범유견문는하니

受菩薩戒而行菩薩心하며
수보살계이행보살심하며

發菩提願而圓菩提果耳니라
발보리원이원보리과이니라

終

七三

수보살계법서
(受菩薩戒法序)

무비 스님

1. 보살계의 바른 뜻

보살계란 것은 일천 성인을 세우는 땅이며 만 가지 좋은 일의 기본이다. 또한 감로의 문을 열고 보리의 길로 들어서는 것이다.

<범망경>에 말씀하시기를 "중생이 부처님의 계[佛戒]를 받으면 곧 모든 부처님의 지위에 오른다."라고 하였다.

부처님의 계가 무엇인지 알고자 하는가.
그것은 곧 중생들의 마음이니라. 달리 다른 법이 없느니라.

2. 삼보와 조사서래의

자신의 마음임을 깨달음으로 부처요, 마음의 원리대로 유지되므로 법이요, 마음이 모든 존재와 화합하여 하나가 됨으로 스님이요, 마음이 완전무결하게 청정함므로 계요, 마음이 고요하면서 살피는 까닭에 반야지혜요, 마음이 본래 적멸함므로 열반이니라. 이것이 여래의 가장 높은 법이며 조사가 서쪽에서 오신 뜻이니라.

그러나 보살계를 듣는 사람들이 장애를 일으키고 보살계를 보는 사람들이 모두 의심을 일으키는 것은 번뇌가 깊고 복이 없어서이다. 마치 눈이 먼 사람이 아무것도 보지 못하지만 그것이 태양이나 달의 잘못이 아닌 것과 같다.

3. 참다운 불모

만약 뜻이 있으면 보살계를 받는 사람과 보살계를 듣는 사람은 보살계법의 이익이 끝이 없어서 일곱 가지 뛰어난 변재로도 다 찬탄할 수 없으며, 일천 성인이 우러러 보아도 다하지 못하리라. 가위 참다운 부처님의 어머니다. 수많은 도사(導師)를 출생하며 신묘한 약 중에서도 왕이라. 능히 모든 병을 치료하나니 도에 들어가는 요긴함이 이 보살계를 능가하는 것은 없으리라.

4. 여래의 행업

노사나불이 십지법문(十地法門)을 설하시어 보살의 계율과 위의를 운용하시며 여래의 행업을 세우시니라. 항하강의 모래처럼 많은 계품이 삼취정계를 완전하게 하는데 모두 거두어들였도다.

일만 가지 수행의 근본[因]이 오직 한 생각에 구족하였으므로 오위(五位)의 대사가 이 보살계를 의지하여 성불의 인(因)이 원만하지 아니함이 없으며, 시방세계의 부처님이 이 보살계를 말미암아 성불의 과(果)가 원만하지 아니함 없다.

지금 이 큰 일을 널리 밝히고자 하나 시기가 맞지 않은지라 만약 일찍이 일승(一乘)의 종자를 심은 이는 비로소 능히 믿고 이해하지만 정념에 집착한 사람은 어떻게 하여야 의혹을 풀 수 있겠는가. 모름지기 문답을 펴서 삿되고 잘못된 장애들을 제거하리라.

5. 문수 보현 그리고 부처님

문 : 보살계라는 것은 문수보살이나 보현보살과 같은 분들에게나 해당되는 것으로 아는데 번뇌의 속박에 얽힌 범부가 어떻게 그것을 받을 수 있겠는가?

답 : 만약 자신을 범부라고 집착하여 문수보살이나 보현보살이 아니라고 하는 사람은 곧 일불승(一佛乘)의 종자를 말살하는 일이다. 그렇다면 옛 성인이 결코 "많고 많은 번뇌와 업과 미혹들이 모두 다 보현보살의 참다운 진리의 세계다."라고 말하지 않았을 것이다. 만약 중생을 집착하여 부처가 아니라고 하는 사람은 곧 시방의 부처님을 비방하는 것이다. 그렇다면 결코 <화엄경>에서 "부처와 마음과 중생, 이 셋이 차별이 없다."라고 말하지 않았을 것이다.

6. 직지인심

그러므로 <범망경>에 말씀하시기를 "마음이 있는 모든 사람들은 다 부처님의 계[佛戒]에 포섭이 된다."라고 하시니라. 그리고 또 세상에 사람 된 자가 어느 누군들 마음이 있지 않겠는가. 무릇 성불한다는 것은 모두가 마음으로부터 표현되는 것이다.

그래서 석가모니부처님은 세상에 오시어 중생들의 마음 안에 있는 부처의 지혜를 열어서 보여 주시고, 달마대사는 인도에서 중국에 오시어 사람들의 마음을 바로 가리켜서 성품을 보고 부처를 이루게 하였다.

조사가 말씀하기를 "마음이 부처며 부처가 마음이니 마음을 떠나서 부처가 없고 부처를 떠나서 마음이 없다."라고 하였다. 그러므로 모든 사물인 마음과 생각인 마음들이 다 불성계(佛性戒) 안에 들어간다.

중생들의 불성의 마음은 불심계를 갖추고 있다. 하물며 보살계란 오직 사람들의 마음을 열어주고 제도하는 것으로서 근본을 삼는다. 형식에만 국한하여 집착하는 소승들의 계율과는 같을 수 없다. 그래서 보살이 유정(有情)들을 요익하게 하는 계는 다만 중생들을 제도하고 사람들을 이익되게 할 뿐이다.

7. 말리부인과 선예대왕

예컨대 말리부인은 오직 술을 만드는 것으로써 계를 삼았다. 또 선예대왕은 오직 사람들에게 이익되는 일과 자비를 베푸는 것만을 생각하였다.

다만 사람들을 이익하게 하는 마음만 행하면 지금 바로 모든 계율을 다 갖추어 가지는 뜻이 되기 때문이다. 그런데 어찌 이 드넓은 법계에서 나라의 다름을 구분할 것이며, 큰 삶의 길[大道]을 나아가는데 동서남북을 나눌 것인가. 구분하고 나누기만 한다면 한갓 자신만 피곤할 뿐이며 도리어 의외의 잘못을 불러오리라.

8. 보살계를 다시 받는 이유

문 : 중생들의 마음이 이미 부처님의 계를 갖추고 있다면 어째서 다시 받는가?

답 : 모든 부처님의 가르침은 모두가 알지 못한 사람들을 위한 것이다. 혹 들어서 알다가도 잠깐 사이에 잊어버린 까닭에 미혹하고 어두운 듯하다. 그래서 지금 외형적인 방법에 의지하여 거듭 밝히는 것이므로 계를 받느니라. 자성의 미묘한 계율은 완전한 이치가 밝고 밝아서 범부와 성인을 나누지 않는다. 일찍이 미혹한 것도 깨달은 것도 없기 때문이다.

<법구경>에 말씀하시기를 "계의 성품은 허공과 같건만 계를 가지는 사람들이 미혹하여 잘 못 안다."라고 하였다. 또 <대반야경>에 말씀하시기를 "계를 가지는 비구는 천당에 올라가지 못하고 계를 깨뜨린 비구는 지옥에 들어가지 못한다."라고 하였다. 왜 그런가? 진리의 세계에서는 계를 가지거나 범하는 일이 없기 때문이며 일체법이 텅 비어 없기 때문이다.

9. 십중 사십팔계

그러나 지금은 본성을 보지 못한 사람들을 위하여 방편으로 드러내서 마음의 계를 믿게 하고, 형식에 의지하여 열어주고 인도하여 본체와 작용을 쌍으로 밝혔다. 다만 열 가지 무겁고 큰 계[十重]와 마흔 여덟 가지 가벼운 계[四十八輕垢]에 대해서 말하자면, 가볍고 무거운 것은 비록 다르나 모두가 형식에 의거하여 말한 것이다. 그래서 다르면서 다르지 않은 것은 이치의 입장과 형식의 입장이 하나이기 때문이며, 다르지 않으면서 다른 것은 계를 지키고 범하는 것이 길이 전혀 다르기 때문이다. 그러므로 형식은 떠나버리고 이치만을 구해서 아무것도 없다는 마음을 일으키지 말며, 이치를 떠나고 형식만을 행해서 평범한 보통 소견에 집착하지 말라.

10. 불승종자(佛乘種子)

문 : 번뇌의 속박에 얽매인 범부가 근기는 미약하고 업장은 무거우니 만약 그들에게 계를 받게 한다면 헐뜯고 범하는 일이 더욱 많을 것이다. 그와 같은 근기를 관찰하지도 않고 계를 받게 하면 도리어 지옥에 떨어지는 일이 발생하리라.

답 : 다만 번뇌가 무겁고 업장이 깊은 이를 위해서 그들에게 부처님 계를 받게 하는 것이다. 현재 일상생활에 드러난 번뇌가 비록 두텁고 무거우나 불승(佛乘)의 종자는 줄어들거나 이지러지지 않는다.

스스로 본래부터 존재하는 불성이라는 훌륭한 근본과 모든 부처님의 불가사의한 계의 위신력이 있다는 사실에 대해서 설명들은 것을 소중하게 여겨야 한다. 능히 그들로 하여금 불심은 밝게 빛나게 하고 번뇌는 없어지게 하니, 설사 잠깐 동안만 계를 가진다 하더라도 그 공덕은 한량이 없다.

이러한 보살계에 대해서 겨우 한 생각만 내더라도 벌써 소승 성문의 경지는 넘어선 것이다. 그래서 모든 부처님이 그러한 이치를 헤아려서 여러 경전 곳곳에 설하여 두었다. 공연히 개인적인 좁은 소견과 억지생각으로 부처님을 등지고 경전의 가르침을 어겨가며 대승의 가르침을 비방하면 그 허물로 인하여 오랜 세월동안 지옥에 빠지는 삶을 살게 되리라.

11. 보살계를 받아야 사람이다

<보살영락경>에 이렇게 되어 있다. "부처님이 말씀하시기를 불자들이여, 만약 과거나 미래나 현재의 중생들이 보살계를 받지 아니한 사람은 생각이나 의식이 있는 사람이라고 이름 할 수 없다. 축생들과 하나도 다르지 않다. 사람이라고도 할 수 없다. 그들은 늘 삼보(三寶)의 바다를 떠나있기 때문에 보살도 아니며 남자도 여자도 아니며 귀신도 못 된다. 이름이 축생이다. 삿된 소견이며 외도다. 보통 사람들의 생각과 전혀 다르다."라고 하였다.

그러므로 알라. 보살계는 받는 법은 있어도 버리는 법은 없다. 설사 범하더라도 잃어버리는 일은 없다. 미래가 다하는 그 날까지 이어진다. 만약 어떤 사람이 와서 보살계를 받고자 하거든 보살계를 설하는 법사는 먼저 잘 해설하여 주고 읽고 외우게 하라. 그리고 보살계를 받는 사람의 마음을 활짝 열어주고 옛 생각이 다 풀어지게 하여 보살계에 대해서 기쁘고 즐거운 마음이 나도록 한 뒤에 받게 하라.

12. 보살계와 팔만사천보탑

또 보살계를 설하는 법사가 수많은 나라 중에서 한 사람을 교화하여 출가하게 해서 보살계를 받게 한다면 이 법사는 그로 인한 복이 팔만사천 보배탑을 쌓은 공덕보다도 훨씬 수승하다.

그런데 하물며 두 사람이나 세 사람이나 내지 백 명, 천 명에게 보살계를 받게 하는 공덕이 어떠 하겠는가. 그 법사의 복덕의 결과는 이루 다 헤아릴 수 없이 많을 것이다.

보살계를 설하는 법사는 부부와 육친들이 서로서로 스승이 되고 제자가 되면서 계를 받아서 여러 부처님 세계의 보살 숫자 중에 들어가리라. 그래서 삼겁(三劫)이라는 헤아릴 수 없이 오랜 세월의 생사의 고통을 뛰어넘게 되리라. 그러므로 응당 보살계를 받은 것이 있어서 범하게 되는 이를 보살이라 한다. 보살계를 받지 못하고 범할 것도 없는 사람보다는 훨씬 수승하리라. 계를 범할 것이 있는 사람을 보살이라 하고 범할 것이 없는 사람을 외도라 한다.

13. 팔관 십선계는 윤회의 길

문 : 왜 팔관계(八關戒)와 십선계(十善戒) 같은 쉬운 것에서부터 차츰 차츰 이끌어서 작은 근기들에게 알맞게 하는 것이 공연히 보살계를 주어 헐뜯고 범하게 하는 것보다는 낫지 않은가?

답 : 경전에서 말씀하기를 "만약 십선계로써 사람늘을 교화하면 마치 독약을 가지고 사람들에게 주어 죽게 하는 것과 같다. 비록 먹었을 때는 잠깐 배가 부르듯이 십선계도 잘 지키면 사람으로 태어나고 천당에도 태어나지만 결국은 생사의 독약에 중독되는 것을 면하지 못한다. 그리고 마침내 윤회에서 벗어나지 못한다. 도리어 업장만 더욱 불어나게 할 뿐이다. 만약 소승법으로써 사람을 교화하면 곧 대승법을 죽이는 독약이 된다. 그리고 또한 해탈의 깊은 구덩이가 되고 만다. 참으로 두렵고 두려운 곳이다."라고 하였다.

또 경에서 말씀하시기를 "차라리 호랑이나 여우의 마음을 일으킬지언정 성문이나 벽지불이 될 뜻은 일으키지 말라."라고 하였다. 그러므로 다만 대승법을 설해야 허물이 없으리라.

14. 비장하여 지옥에 가게 하다

문 : 법을 설하고 계를 받는 것은 본래 고통의 근원에서 벗어나기 위해서다. 그런데 어찌 도리어 계를 비방하고 헐뜯고 범해서 지옥에 떨어지게 하는가? 손해만 있고 이익은 없으니 어찌 사람을 교화한다고 할 수 있겠는가?

답 : 대승계법을 듣는 순간 단박에 깨닫는 사람이 있고 혹은 듣고도 차츰차츰 지니는 사람도 있다. 혹은 듣고 나서 비방을 하는 사람들도 있다. 근기가 각각 다르나 모두 다 이익을 얻는다. 불법은 진실하다. 결코 헛된 것이 아니다. 마치 독약이 우유 속에 들어가면 한 모금 한 모금이 다 사람을 죽이는 것과 같다. 또 마치 독약을 바른 북과 같아서 북소리를 멀리서 들으나 가까이서 들으나 모두가 죽는 것과 같다. 이 대승계의 이치는 듣고 나서 비방을 하더라도 오히려 큰 이익을 얻는다. 항하강의 모래 수처럼 많은 부처님께 불공을 드리는 것보다 그 공덕이 훨씬 넘친다. 그런데 하물며 철저히 믿고 일심으로 받기를 구하는 사람이겠는가.

그러므로 <문수보살경>가운데서 서로 견주어 헤아리기를 "비유하자면 어떤 사람이 반야에 대해서 해설하는 것을 듣고는 믿지 않고 비방하여 지옥에 떨어졌더라도 항하강의 모래 수처럼 많은 부처님께 공양한 사람보다 더 수승하다."라고 하였다. 왜냐하면 항하강의 모래 수처럼 많은 부처님께 공양한 것은 다만 사람으로 태어나거나 천당에 태어나는 생멸의 복을 받지만, 만약 반야를 듣고 비방하여 지옥에 떨어질지라도 비방한 과보를 다 받고 나서는 반야를 들은 것이 종자가 되어 나중에 다시 반야를 듣게 되면 곧바로 마음이 열려서 찰나 사이에 성불할 것이다. 그 공덕의 힘을 견주어본다면 하늘과 땅처럼 다른 것이다.

15. 탐·진·치가 곧 불법

또 <제법무행경>에 말씀하시기를 "어떤 한 청정한 위의(威儀)를 지닌 법사가 있었는데 중생들을 불쌍히 여긴 까닭에 거주하던 곳으로부터 항상 마을로 들어가서 걸식을 마치고 돌아와서 다시 백 천만이나 되는 가정들을 교화해서 모두 불자를 만들었다. 그래서 최상의 깨달음에 대한 마음인 보리심을 내게 하였다. 그리고 또 한 위의를 지닌 비구가 있었는데 항상 절에 있으면서도 깨달음의 길에 대해서 잘 알지 못하였다. 청정한 위의법사의 제자들이 항상 마을에 들어가거늘 그들을 옳지 못하게 여기는 마음을 일으켜서 곧 목탁을 쳐서 대중들을 모아놓고 법을 제정하였다. '그대들은 지금부터 이후로 절대 마을에 들어가지 말라.'라고 하였다."

"그 뒤 청정한 위의법사가 우연히 그 비구를 만났다. 비구가 대승계법을 믿지 않고 받아들이지 않음을 알고는 무리를 해서라도 게송을 설해서 대승법의 종자를 심어주고자 하였다. 그는 반드시 믿지 않고 비방하여 지옥에 떨어질 것이고 지옥의 죄업이 끝나고는 이 대승법을 들은 인연으로 도를 깨닫는 씨앗이 되리라고 여겼다."
그 게송은 이렇다.
"탐욕이 곧 도(道)다.
진심 내고 어리석음도 또한 도다.
이와 같은 세 가지 법 안에
일체의 불법을 모두 갖췄다."

"그 훌륭한 비구가 그 게송을 듣고 나서 비방하였다. 비방한 업 때문에 죽고 나서는 그 과보로 무간지옥에 떨어졌다. 지옥에서 구십 백 천겁 동안 온갖 고통을 받다가 다시 지옥에서 나와서 육십삼만 세를 항상 남들로부터 비방을 받았다. 그리고는 죄업이 점점 가벼워져서 드디어 비구가 되어 삼십이만 세를 출가하여 지낸 뒤, 이 업의 인연으로 다시 세속에 돌아가서 한량없는 천만 세를 육근이 우둔하여 미련하게 살았느니라. 사자유보여, 그대는 어떻게 생각하는가. 그 때의 그 비구가 어찌 다른 사람이겠는가. 놀라지 말라. 내가 바로 그 비구였느니라."

"내가 그 때에 조그마한 나쁜 마음을 일으켜서 이러한 죄업을 받아서 지옥에 떨어졌으니 만약 누구라도 조그마한 죄업이라도 일으키지 않으려면 훌륭한 법을 설하는 그런 보살에 대해서 나쁜 마음을 내지 말라. 그리고 보살이 행하는 길을 모두 마땅히 믿고 이해하여 절대로 원망하거나 분노하지 말라. 여래는 이러한 이익을 보아왔기에 항상 이 법을 설한다."라고 하였다. 그러므로 알라. 이 대승법을 들은 인연으로 부처를 이루었다.
들고 비방만 하더라도 오히려 부처를 이루었는데, 어찌 하물며 지극한 정성으로 들으려하고 믿고 받아들이는 일이겠는가.

16. 연화색 비구니의 이야기
또 보살계 가운데 열 가지 무거운 계에 속하는 살생이나 훔치는 것이나 음행하는 것 등등은 다만 현재 계를 받지 아니한 범부들에게는 오랜 세월 이전부터 살생, 훔치는 것, 음행 등과 아끼고 탐내고 성내는 등등의 일을 과거에도 해 왔으며 현재에도 하고 있으며 미래에도 당연히 할 것이다. 항상 이어져서 그 마음이 변하지 않기 때문에 늘 생사의 바다에 빠지고 고통의 감옥에 들어간다.

그러므로 경전에서 말씀하시기를 "염부제 중생들이 발을 들고 걸음을 옮길 때마다 죄악 아닌 것이 없다."라고 하였다.

만약 생명을 살해하면 축생이 되어 서로 뒤바뀌어 오르내린다. 만약 분노를 일으키면 지옥에 떨어져서 항상 불에 탄다. 만약 아끼고 탐욕을 부리면 아귀가 되어 늘 굶주림의 불길에 휩싸인다. 그러므로 <법화경>에 말씀하시기를 "지옥에 있으면서 마치 뒷동산처럼 여기고 낙타나 당나귀나 돼지나 개가 되어 사는 것이 그들의 생활이다."라고 하였다.

그러므로 연화색(蓮華色)이라는 비구니는 예전에 사람들의 노리개가 되었는데 출가히여 법복을 입고는 과거를 꿰뚫어보는 숙명통의 지혜를 얻어 과거를 관찰해보니 항상 지옥에 드나들어 빠져나올 기약이 없었던 때가 있었다. 드디어 왕사성 석가족의 여자들에게 널리 권하였다. "다만 출가만 하면 설사 파계해서 지옥에 들어갈지라도 마침내는 해탈할 때가 있다."라고 하였다. 그러므로 다만 계를 받고 파계만 할지라도 신속하게 도를 얻을 수 있다. 그러나 계를 받지 않고 파계할 것도 없는 사람들은 영원히 지옥과 같은 삶에서 살게 되리라. 업을 지은 것과 죄를 받는 일이 서로 서로 반복해서 주고받고 배상하여 쉴 날이 없으리라.

17. 보리심과 사홍서원

그러므로 <결정비니경>에서 말하였다. "부처님이 말씀하시기를 우파리(優婆離)여, 무슨 까닭으로 대승법을 닦아서 보살계를 행하면 너그러워서 범하는 일이 없는가. 그리고 또 무슨 까닭으로 성문의 계는 좁고 엄한가. 우파리여, 마땅히 알아라. 만약 처음으로 대승법을 닦아서 보살계를 행하면 아침에 범해서 응당히 죄에 얽히더라도 낮에 이르러서 만약 보리심이 간단없이 이어지면 계가 성취되어서 곧 범하는 바가 되지 않느니라.

그리고 한 밤중에 범하더라도 새벽에 이르러서 보리심이 간단없이 이어지면 계가 성취되어 곧 범하는 바가 되지 않느니라."

"우파리여, 마땅히 알아라. 처음 대승법을 닦아서 보리심을 행한 계행이 너그럽기 때문에 만약 보살이 죄를 지어 범함이 있더라도 응당 후회하거나 두려워할 것이 아니니라. 그러나 또한 성문이 계를 범하는 것은 계의 형상이 곧 소멸하여 다시는 온전하여질 수 없다. 왜냐하면 성문이 계를 지키는 것은 번뇌를 제거하기 위한 까닭에 머리에 불이 붙고 옷에 불이 붙은 것을 꺼야하는 것과 같아서 마음에 빨리 적멸열반을 구하기 위해서 굳게 계행을 지킨다." 하니라.

그러므로 알라. 보실은 보리심이라는 최상의 마음을 내었기 때문에 계를 받아서 비록 잠깐 범했더라도 형식적인 것이라는 사실의 바탕 위에서 논한다. 어느 한순간만 필요한 법이지 영원한 것은 아니다. 만약 보리심과 사홍서원이 끊어지지 아니하면 곧 범했더라도 범했다고 하지 않는다. 만약 영원히 보리심을 버리고 사홍서원을 어기면 그것이 곧 계를 범하는 것이다.

그런데 성문인은 보리심을 발하지 않고 계를 받아서 다만 세상에서 벗어나기만을 구함으로 형식적인 계를 조금만 범하면 계를 가지는 마음이 곧 끊어지고 만다. 생멸에 치우쳐서 논하기 때문이다. 만약 보리심 보살계는 미래세상이 다하도록 결코 단절이 없기 때문이다.

18. 계를 범해야 보살이다

또 경전에서 이르기를, "계를 범하면 이름이 보살이요 범하지 않으면 외도다."라고 하였으니 대승 불성계를 아직 듣지 못한 까닭에 범할 수 없는 것이다. 비록 만 가지 선행을 닦으나 모두 이익이 없다. 고행에 해당할 뿐이다. 쓰디쓴 것을 심어서 달콤한 것을 구하려는 것은 이치에 맞지 않다. 모래를 쪄서 밥을 만든들 어찌 이루어지겠는가.

그러므로 양나라 무제 임금이 발원하기를, "울두람자가 되어서 잠깐 천당에 태어나기를 원하지 않고 차라리 제바달다가 되어서 영원히 지옥에서 살리라."라고 하였다.

19. 보살계는 성인의 종자

또한 계를 받지 아니한 중생들이 업장이 겹치고 쌓여서 번뇌에 얽혀 모두 지옥에 들어가니 설혹 잠깐 동안 벗어났더라도 또다시 윤회에 떨어져서 마치 개미가 쳇바퀴를 돌듯하고 불놀이할 때 불이 돌아가는 것과 같이 연속이 되니 만약 계의 힘을 얻어서 마음이 인연을 만나면 한순간에 마음을 돌이켜서 저절로 깨닫게 되리라.

경전에서 말씀하시기를 "마치 왕이 왕자를 낳으매 백성들의 공경하는 바가 되는 것과 같아서 보살계를 받아 사람들의 애호함을 받고 성인의 종자 가운데 태어나서 후에는 반드시 성인이 되는 것이 마치 왕자가 왕위를 계승하는 것과 같다."라고 하였다. 설사 계를 범하는 일이 있어도 보살계의 여덟 가지 수승한 것 중에 '제5 죄를 지어 벌을 받아도 매우 가볍게 되는 수승함' 이 된다고 하였다. 육취(六趣) 가운데 떨어졌을지라도 항상 왕이 되니 이것은 열악한 가운데 수승함이다.

20. 앉아서 받고 서서 파하더라도

또한 출가한 비구라고 해서 누가 세세하게 계를 모두 지키는 사람이 있는가. 보살의 두 번째 지위[二地]에 오른 보살이라 하더라도 어느 한 부분만 지킬 수 있다. 오직 부처님만 능히 청정하다. 그러므로 경전에서 말씀하시기를 "오직 부처님 한 사람이 계를 가지는 것이 청정하고 그 나머지는 모두 파계한 사람이다"라고 하였다.

남산율사가 말하기를 "계를 받는 사람은 드넓은 법계처럼 그 양이 많고 계를 지키는 사람은 기린의 뿔의 숫자도 오히려 많다."라고 하였다. 또 말하기를 "앉아서 계를 받고 서서 파하더라도 한량없는 복을 얻으니 다만 계를 받들 마음만 가지지 계를 받은 것에 대해서 후회하지는 말라."라고 하였다.

21. 가없는 보살계

<선생경>에 말하기를 "천지가 가없고[無邊] 계도 또한 가없으며, 초목이 한량없고 계도 또한 한량없다. 허공과 대해가 높고 깊듯이 계도 또한 그와 같이 높고 깊은 것이 이와 같다."라고 하였다. 그러므로 알라. 계를 받을 때는 시방계법이 가없으나 파하는 것은 터럭 끝과 같이 아주 적어서 마침내 다 파할 수가 없다. 그러므로 살바다(薩婆多)에 이르기를 "차라리 일시에 일체 계에 대한 마음을 낼 수는 있을지언정 가히 일시에 일체 계를 범하지는 못한다."하였다. 또 "차라리 계를 받아 범할 것이 있을지언정 파할 계가 없게 하지 말라."라고 하였다. 만약 파할 계가 없는 사람이라고 해서 악업을 갖추어 짓는다고 말하지 말라. 다만 심산유곡에서 나무 열매로 식사를 하고 풀잎으로 옷을 삼아 입으며 백천만겁동안 세상을 멀리 떠나는 수행을 닦을지라도 만약 계법을 받지 아니하면 <대지도론>에서 문수보살이 꾸짖기를 "새나 짐승으로 더불어 다르지 않다."라고 하였다.

22. 소승비구가 버섯이 되다

또 <보림전(寶林傳)>이라는 책에 "어떤 소승 지계비구가 눈으로는 아름다운 경계를 보지 않고 귀로는 좋은 소리를 듣지 않았으나 불법의 이치를 알지 못한 까닭에 시주의 공양만 받아서 오히려 큰 버섯이 되어 시주의 빚을 갚았다." 하니 어찌 하물며 보살계를 받은 바도 없이 신도의 시주를 받아서 이치와 행이 도무지 없는 사람이겠는가.

지금까지 인용하여 온 것은 형식과 이치가 너무 분명해서 부처님의 입으로도 바꿀 수 없는 참다운 가르침이며, 옛 성인들이 행하신 본보기다. 어찌 헛된 것을 의지하여 참다운 것을 지으며, 또 어찌 바른 것을 등지고 삿된 것에 나아가서 다른 사람들에게는 최상의 선근을 장애하고, 자신에게는 보리의 큰 어려움을 일으키겠는가. 만약 정성을 다해 참회하지 아니하면 혀가 입 속에서 흩어져서 선악의 인연을 도망하기 어려우리라. 고와 낙의 과보를 선 자리에서 받으리라.

23. 보살계의 5공덕과 8수승

문 : 무슨 까닭으로 보살계를 범하는 것은 범한다고 이름 하지 않으면서 계의 성품은 다하지 않는가?

답 : 대저 보살계는 만약 이치에 의지해서 미루어 본다면 곧 오직 마음뿐이다. 마음은 다함이 없다. 그러므로 <영락경>에 말씀하시기를 "일체 범부와 성인의 계가 모두 마음으로서 본체를 삼는다. 그러나 만약 형식에 의지해서 밝힌다면 초발심보살이 마음에 사홍서원을 발하면 미래제에 사무치도록 유정들을 교화한다. 그래서 사람으로 태어나고 천상에나 가는 이승들의 계와는 같지 않다."라고 하였다.

<아차말경>에 이르기를 "일체 성문들의 계는 열반에 들어가기 때문에 계의 힘이 다하고, 벽지불의 계는 자비가 없기 때문에 계의 힘이 다한다. 사리불이여, 마땅히 알라. 보살마하살의 계는 그 실천이 다함이 없으니 왜냐하면 일체의 청정한 계는 모두 보살계를 인하여 포섭되어 나타나기 때문이다. 비유하자면 곡식의 종자가 많으면 그 이익이 다함이 없는 것과 같으니라. 사리불이여, 마땅히 알라.

보살의 마음이란 마치 곡식의 종자와 같으니 제불여래는 계행이 다함이 없으므로 대장부며 이름이 '다함이 없는 계행'이니라. 사리불이여, 보리심을 닦아서 계를 가지기 때문에 계행이 다함이 없다."라고 하였다. 또 보살계를 받는 것이 다섯 가지 공덕과 여덟 가지 수승함을 갖추었으니 뒤에 널리 밝혀서 다함이 없음을 비교하여 헤아리리라.

24. 보살계의 두 가지 파계

문 : 위에서 말한 것과 같다면 보살의 파계란 무엇인가?

답 : <담무참보살계본>에 말하였다. "파계에는 간략하게 두 가지 일이 있다. 그것만이 보살계를 잃어버리는 것이다. 하나는 보살의 서원을 버리는 일이며, 하나는 잘난 체하는 더럽고 추한 마음이다.

이 두 가지의 일을 제하고는 만약 이 몸을 버릴지라도 계는 마침내 잃어버리지 않는다. 지금부터 이후로 태어나는 곳마다 마땅히 이 계가 있다. 더럽고 추한 마음을 가진 사람은 자신과 세상이 공하다고 거짓말을 하여 얻지도 못하면서 얻었다고 한다. 크나 큰 삿된 소견을 내어서 믿지 않는 마음을 일으키기 때문에 가벼운 것이나 무거운 것을 범해도 두려움을 내지 않는다. 그러나 만약 인연이 있어서 혹 가볍거나 무거운 계를 범해서 비록 잠깐 파할지라도 인과를 깊이 믿어서 항상 참회하면 곧 범했다고 하지 않는다."하였다.

또 <담무참계본>에 말하였다. 만약 보살이 다른 사람에게 화를 내고 화를 내는 일에 대해 집착해서 그칠 줄 모르는 사람은 무거운 죄를 범하는 것이지만, 범하지 않는 방법은 항상 화를 버리려고 하는 것이니 그렇게 하면 화내는 마음이 오히려 일어나더라도 이것은 범하지 않은 것이다.

25. 방편은 왜 쓰지 않는가

문 : 모든 부처님들이 중생들을 타이르고 달래어 수행에 나아가게 하는 길에는 방편이 지극히 많다. 그중에서 가장 간단하고 요긴한 방편이 중생들을 이끌고 극락세계로 데리고 가는 것이라 하였다. 그런데 어찌 극락에 태어나는 것을 권장하지 않고 지키지도 못할 보살계를 주어 다시 파계하게 해서 도리어 정토인 극락에 가는 것을 방해하는가?

답 : 만약 극락[安養]에 태어나려고 한다면 구품(九品)에 대한 내용을 설명하게 된다. 상근기(上根器)의 사람들은 보살계를 받으며 선정을 닦고 중간근기나 하근기들은 불상을 돌거나 탑을 돌며 염불을 한다. 중생들의 근기가 같지 않기 때문에 한 가지만을 지켜서 다른 방편들을 의심할 것은 아니다. <대승기신론>에서는 "모든 부처님의 본래의 뜻을 밝혀서 대승에 포섭하였다. 처음 믿는 사람들이 열악한 세상에 태어나서 성취하기 어려워할까 염려되어 그들에게 극락에 왕생하는 것에 회향하도록 해서 불교에서 물러서지 않게 하였다. 만약 부처님의 법신을 본다면 쉽게 깨달음[法忍]을 성취한다." 라고 하였으니 이것이 분명한 글로써 증명하였다.

극락세계에 태어나는데 상품에 왕생하는 것은 문수보살이 밀씀하시기를, "마치 힘이 센 장사가 팔을 구부리고 펴는 사이에 상품으로 태어나 부처님을 친견하고 곧 바로 보살의 최초 지위에 오른다. 그러나 최하의 구품에서는 대승법을 듣고도 부처님의 계를 믿지 못하며, 혹은 다만 염불만 하고 임종할 때에 또한 왕생하게 되기도 한다. 십이 겁 만에 비로소 꽃이 피지만 부처님을 친견하지 못하고 차츰 차츰 소승의 경지를 증득하니 원만한 대승의 공력과 비교하자면 더디고 빠른 것이 크게 차이가 있다."라고 하였다.

26. 서민의 힘과 국왕의 힘

만약 보살계를 받아서 최상의 보리심을 발한 사람은 이미 대승을 믿은 것이며 이미 큰 법을 받아들인 것이다. 중간에 설사 파계하는 일이 있더라도 염불하고 참회하여 왕생을 도우리라. 또한 보살계라는 위덕의 힘과 대승심을 발한 힘을 얻게 되리라.

보살계를 받지 아니한 사람은 또한 악한 업을 지으며 다만 염불한 힘만 있고 보살계의 힘과 대승법을 들은 힘은 전혀 없다. 세간의 논리로 말하자면 적은 수의 힘과 많은 수의 힘은 같지 않으며, 서민의 힘과 국왕의 힘은 같지 않은 것과 같다. 다만 부처님의 이름만을 외워서 하품에 태어나는 사람은 임종에 훌륭한 벗[善友]을 만나기 어렵다. 모두 만나는 인연이 어긋나고 또한 의지력이 견고하지 못해서 자주 자주 중단이 된다. 악업은 깊고 두터우며 선업은 약해서 물리치기 어렵다. 여러 가지 인연이 있어야 비로소 능히 성취할 수 있다.

그러므로 경전에 말씀하였다. "복이 없는 중생은 그곳에 태어나지 못한다." 그러므로 대승적 수행과 소승적 수행을 함께 운용하며, 방편과 실법을 겸하여 행해서, 양식이 될 온갖 수행을 널리 갖추고 만 가지 선업이 드러나게 하여, 한 마음이 결정되어서 극락세계의 연화대에 옮겨가는 것과 어떻게 같을 수 있겠는가.

이 서문에서 이야기한 보살계를 받고 파계하는 사람은 혹은 한꺼번에 가지는 사람도 있고 혹은 차츰 차츰 가지는 사람도 있으니 만약 다만 한 문으로만 염불해서 왕생하게 한다면 구품이라는 말이 허설이다. 상품대승은 고루하여 버려야할 것이다. 그렇다면 과거의 모든 부처님이 계와 선정과 다문(多聞)을 제정하지 않고 다만 한 가지 문만을 설해서 중생들을 제도했어야 하리라.

27. 불교는 일정한 법이 없다

천태교(天台敎)에세 말하기를, "여덟 가지 가르침의 그물로 사람과 천신의 고기들을 다 건진다."라고 하였다. 여덟 가지 가르침은 돈교, 점교, 부정교, 비밀교, 장교, 통교, 별교, 원교다. 이와 같은 방법으로 중생들을 가르쳐도 오히려 하나도 얻지 못할 수가 있다. 그물 구멍 하나가 어떻게 새를 잡을 수가 있으며 한 사람의 지도자가 어떻게 나라를 다스릴 수 있겠는가.

모든 부처님들은 고정된 법이 없기 때문에 "최상의 깨달음"이라 한다. 사람들의 병이 같지 않고 가르침의 약도 다르다. 의사는 오로지 가루약만 쓰지 않고 하늘은 늘 맑지만은 않다. 혹 어떤 이는 법문을 듣고 깨닫는 사람도 있고, 혹 어떤 이는 좌선을 하여 깨닫는 사람도 있다. 혹 어떤 이는 경전을 읽어서 깨닫는 사람도 있고, 혹 어떤 이는 보살계를 받아서 진리를 증득하는 사람도 있다. 모든 부처님들의 큰 뜻은 중생을 제도하는 것으로써 본의를 삼는다. 만약 제도할 수 없는 사람은 진실한 법을 설해도 또한 불법에 들어가지 못하고 제도할 수 있는 사람은 거짓 법을 설해도 또한 저 언덕에 오를 수 있다.

그러므로 부처님께서 말씀하시기를 "만약 거짓말로써 제도를 얻을 사람이라면 나도 또한 거짓말을 하리라."라고 하시니라. 보살이 육도만행을 닦는 것이 마치 시체를 타고 바다를 건너가는 것과 같으며, 또한 감옥에 갇힌 죄수가 변소 속을 지나서 탈출하는 것과 같다. 마침내 어느 일정한 한 가지 법이 옳은 것도 아니고, 일정한 한 가지 법이 그른 것도 아니다. 거짓을 배척하여 진실을 도모하는 것과 이것을 버리고 저것을 취하는 것이 모두가 포승줄을 잡고 스스로를 묶는 것이다. 의혹의 그물에 덮이고 생각으로 헤아리는 소견[情見]이 없지 아니해서 큰 손실을 불러오리라.

28. 눈병을 치료하면 허공꽃은 없어진다

삼승십이분교(三乘十二分敎)는 오직 아집과 어리석은 마음을 치료하는 것이다.

아집이 다하고 생각으로 헤아리는 것[情]이 없어지면 지혜가 생기고 도가 나타난다. 그러므로 경전에 말씀하시기를 "눈병 때문에 허공에 꽃이 보인다. 눈병을 치료하면 꽃은 제거하지 않아도 되듯이 망령된 마음으로 집착하니 법이 있다. 그러므로 집착만 버리면 법은 버리지 않아도 된다."라고 하였다.

만약 큰 도를 깨달아 원만하게 통한 사람은 오히려 한 법도 옳은 것을 보지 않거니 어찌 한 법인들 그른 것이 있겠는가. 온 시방세계에 한 사람도 성불한 이가 있지 않으며, 또한 한 사람도 중생된 사람을 볼 수 없다. 지옥이 어디에 있으며 천당이 어디에 있겠는가. 어리석은 사람은 눈병 난 것을 살피지 못하고 허공 속에 있는 꽃만 부여잡으려 한다. 어찌 망상과 의혹의 근본을 살필 수 있겠는가. 한갓 어두운데서 잘못 본 귀신을 두려워하니 실로 가련하고 불쌍하도다. 나 스스로 놀라고 탄식할 뿐이로다.

29. 반딧불과 태양빛의 차이

나는 지금 부처님의 말씀을 의지하는 까닭에, 그리고 지극한 가르침을 따르는 까닭에 근기와 수준의 정도에 순응하여 인연을 따라 펴기도 하고 거두기도 한다. 큰 도를 구하는 사람이 있으면 일승의 묘지(妙旨)를 설하고, 작은 수행을 구하면 육바라밀의 방편문을 펼쳐서 크고 작은 것을 겸하여 넓히고, 선정과 계율을 함께 운용하여 지금까지 논해 온대로 이러이러하게 자신의 뜻과 다른 이의 생각을 함께하였다. 어떻게 나에게만 맞게 할 수 있겠는가. 어찌 오로지 어리석은 이는 망령된 소견을 내어 방편을 집착하여 실법을 비방하며 대승을 훼방하고 공의 이치를 두려워하는가. 반딧불 빛이 어찌 태양빛과 같을 수 있으며 모기의 부리가 어찌 바닷물을 다 마실 수 있으리오

역풍을 향해 횃불을 들면 스스로를 불에 태우게 되고, 좁은 대쪽 구멍으로 하늘을 보면 한갓 부끄러울 뿐이다. 지금 부처님의 뜻을 따라 옛 성인들의 훌륭한 가르침을 모으고 베풀어서 인연이 있는 사람들을 제도하려 한다. 법계의 모든 중생으로서 무릇 보고 듣는 이들은 보살계를 받아서 보살의 마음을 실천하고 보리의 원을 발해서 보리의 성과(聖果)를 원만히 하기를 널리 바랄 뿐이다.

회 향 문

사경제자 :   합장

사경시작 일시 :   년 월 일

❀ 정성스럽게 쓰신 사경본 처리 방법 ❀

· 가보로 소중히 간직합니다.
· 본인이 지니고 독송용으로 사용합니다.
· 다른 분에게 선물합니다.
· 돌아가신 분을 위한 기도용 사경은 절의 소대에서
  불태워 드립니다.
· 법당, 불탑, 불상 조성시에 안치합니다.

¤ "무량공덕 사경" 시리즈는 계속 간행됩니다.

☆ 법보시용으로 다량주문시 특별 할인해 드립니다.

☆ 원하시는 불경의 독송본이나 사경본을 주문하시면 정성껏 편집 · 제작하여 드립니다.

◆무비(如天 無比) 스님
· 전 조계종 교육원장.
· 범어사에서 여환스님을 은사로 출가.
· 해인사 강원 졸업.
· 해인사, 통도사 등 여러 선원에서 10여 년 동안 안거.
· 통도사, 범어사 강주 역임.
· 조계종 종립 은해사 승가대학원장 역임.
· 탄허스님의 법맥을 이은 강백.
· 화엄경 완역 등 많은 집필과 법회 활동.

▶저서와 역서
· 『금강경 강의』, 『보현행원품 강의』, 『화엄경』, 『예불문과 반야심경』,
  『반야심경 사경』 외 다수.

受菩薩戒法序

초판 발행일· 2012년 4월 20일
초판 펴낸날· 2012년 4월 25일
편   저· 무비스님
펴낸이· 이규인
편   집· 천종근
펴낸곳· 도서출판 窓
등록번호· 제15-454호
등록일자· 2004년3월 25일

주소· (121-885) 서울특별시 마포구 합정동 388-28번지 합정빌딩 3층
전화· 322-2686, 2687/팩시밀리· 326-2218
e-mail· changbook1@hanmail.net
홈페이지· www.changbook.co.kr

ISBN 978-89-7453-201-7 04220
정가 7,500원